엽기 과학자
프래니

글·그림 짐 벤튼

짐 벤튼은 미국에서 살고 있는 작가이자 만화가이면서 두 아이의 아버지입니다. 짐 벤튼의 독특하고 익살스런 그림들은 텔레비전이나 장난감, 티셔츠, 축하 카드뿐만 아니라 속옷에도 등장할 만큼 인기가 많답니다. 《엽기 과학자 프래니》는 짐 벤튼이 어린이들을 위해 펴낸 첫 책으로, 많은 어린이들에게 사랑받고 있습니다. 지금도 짐 벤튼이 일하는 작업실 안에는 흥미진진하고 재미있는 많은 자료들이 어린이들을 위해 준비되어 있습니다.

옮김 박수현

박수현은 중앙대학교 영어영문학과를 졸업한 뒤, 어린이책을 창작하고 기획하고 번역하는 데 즐겁게 몰두하고 있습니다. 현재 창작 집단 '바리'에서 활동하고 있습니다. 지은 책으로 《바람을 따라갔어요》, 《단군은 외계인이었을까?》가 있으며, 옮긴 책으로 《물통에 웅덩이를 담아 왔어요》, 《티모시 할아버지는 모으기를 좋아해요》 등이 있고, 엮은 책으로 《백지 위의 검은 것》, 《시간을 담는 그릇》, 《책상 위의 태양》 등이 있습니다.

FRANNY K. STEIN, MAD SCIENTIST #6: THE FRAN WITH FOUR BRAINS by Jim Benton
Copyright ⓒ 2006 by Jim Benton
All rights reserved. No part of this book may be reproduced or transmitted in any form or by any means. electronic or mechanical, including photocopying, recording or by any information storage and retrieval system, without permission in writing from the Publisher.
Korean language copyright ⓒ 2019 by Language World Ltd.
This Korean edition was published by arrangement with Simon & Schuster Books for Young Readers, an imprint of Simon & Schuster Children's Publishing Division, New York, New York through KCC(Korea Copyright Center Inc.), Seoul.

이 책의 한국어판 저작권은 (주)한국저작권센터(KCC)를 통한 저작권자와의 독점 계약으로 (주)이퍼블릭(사파리)에 있습니다. 신 저작권법에 의해 한국 내에서 보호를 받는 저작물이므로 무단 전재와 복제를 금합니다.

엽기 과학자 프래니
복제 로봇과 프래니의 대결

사파리

초판 1쇄 발행일 2007년 2월 22일
개정 2판 1쇄 발행일 2022년 8월 25일
개정 2판 4쇄 발행일 2024년 9월 5일

글·그림 짐 벤튼 | 옮김 박수현
펴낸이 유성권 | 편집장 심윤희 | 편집 유옥진, 한지희, 김유림
표지 디자인 황금박g | 본문 디자인 정수연, 이수빈
마케팅 김선우, 강성, 최성환, 박혜민, 심예찬, 김현지 | 홍보 김애정, 임태호
제작 장재균 | 관리 김성훈, 강동훈
펴낸곳 (주)이퍼블릭 | 출판등록 1970년 7월 28일(제1-170호)
주소 서울시 양천구 목동서로 211 범문빌딩
전화 02-2651-6121 | 팩스 02-2651-6136
홈페이지 safaribook.co.kr | 카페 cafe.naver.com/safaribook
블로그 blog.naver.com/safaribooks | 포스트 post.naver.com/safaribooks
인스타그램 @safaribook_ | 페이스북 facebook.com/safaribookskr

ISBN 979-11-6637-881-2
　　　979-11-6637-780-8(세트)

* 책값은 뒤표지에 있습니다.
* 이 책의 내용 일부 또는 전부를 재사용하려면 반드시 저작권자와 (주)이퍼블릭 양측의 동의를 얻어야 합니다.
* 사파리는 (주)이퍼블릭의 유아·아동·청소년 출판 브랜드입니다.

KC마크는 이 제품이 공통안전기준에 적합하였음을 의미합니다.
제조자명 : ㈜이퍼블릭(사파리)　제조국명 : 대한민국　사용 연령 : 8세 이상
종이에 베이거나 모서리에 다치지 않게 주의하세요.

아주 특별한 생각과 취미를 가진
귀여운 과학 소녀 프래니를 소개합니다.

차 례

1. 엽기 과학자 프래니의 집 · · · · · · · · · · · · · · · · · 9

2. 프래니의 즐거운 학교생활 · · · · · · · · · · · · · · · 13

3. 과외는 힘들어 · 21

4. 너무너무 바빠 · 25

5. 협동해서 일하자 · 34

6. 과외를 위한 놀라운 계획 · · · · · · · · · · · · · · · · 39

7. 내가 하나, 둘, 셋, 넷이야 · · · · · · · · · · · · · · · 43

8. 프래니로봇들이 다 알아서 해 · · · · · · · · · · · · 49

9. 우리는 최고가 될 수 있어요 · · · · · · · · · · · · · 56

10. 프래니를 꼼짝 못 하게 만들자 · · · · · · · · · · · 62

11. 샌드위치로 만들어 줄까 · · · · · · · · · · · · · · · · 68

12. 칼보다 더 센 무기는 뭘까 · · · · · · · · · · · · · · · 77

13. 더 높이 차 봐 · 84

14. 특별 요리법으로 물리치다 · · · · · · · · · · · · · · · 91

15. 오이절임은 언제나 곁들여야 해 · · · · · · · · · 104

16. 엄마랑 마음이 통했어 · · · · · · · · · · · · · · · · · · 107

추천의 말 · 112
옮긴이의 말 · 114

엽기 과학자 프래니의 집

프래니네 식구들은 수선화 길 끝에 자리한 집에서 살았어요. 창문마다 귀여운 자줏빛 덧문들이 달린 예쁜 분홍색 집이죠. 집 안은 구석구석 밝고 산뜻했어요. 조그맣고 둥근 창이 나 있는 위층 침실 한 곳만 빼고 말이에요.

창문을 통해 엿본 침실 안에서는 세상에서 가장 바쁜 엽기 과학자가 빈틈없이 연구를 계획하고 있었어요. 갖가지 실험도 진행하고 있었답니다.

 연구실 안에는 아침마다 수염을 깎아 줘야 하는 민달팽이가 있었어요. 날마다 신발을 신겨야 하는 거대한 지네도 있었고요. 엽기 과학자는 매일 젖을 짜야 하는 콩나무도 길렀답니다.

연구실에는 할 일이 많고도 많았지만, 프래니는 엽기 과학을 정말로 좋아했기 때문에 힘들지 않았어요.

프래니의 즐거운 학교생활

프래니는 학교도 좋아했어요. 담임 선생님인 멋진 셸리 선생님은 언제나 놀라운 학습 과제들을 내 주셨답니다.

이번 학기에는 시와 공룡 그리고 고대 이집트에 대해 공부했어요. 이집트를 공부할 때 특별히 만든 프래니의 연구 작품이 수위 아저씨를 잡아먹는 일이 일어났지만 프래니는 정말 재미있었어요.

셀리 선생님은 프래니에게 수위 아저씨가 나올 수 있도록 미라의 지퍼를 내리라고 했어요. 프래니는 미라가 가끔 사람을 잡아먹기도 한다고, 너무 가까이 다가간 수위 아저씨가 잘못이었다고 투덜거렸지만 소용없었어요.

　셀리 선생님처럼 훌륭한 선생님들은 이것저것 시키는 일이 많았답니다. 그래서 프래니는 집에 돌아온 뒤에도 숙제를 하느라 많은 시간을 보내야 했어요.
　어떤 날은 숙제가 쉬웠어요. 괴물이나 원자력, 생물의 내장, 전기 두뇌, 특이한 화학 반응에 관한 숙제는 정말 쉬웠죠. 하지만 이런 것과 거리가 먼 다른 숙제는 정말이지 어려웠답니다.

프래니는 숙제하느라 시간을 많이 빼앗긴 날에도 연구실 조수 이고르와 놀아 주는 걸 잊지 않았어요. 이고르는 순종이 아니었어요. 푸들, 치와와, 비글, 스패니얼, 셰퍼드종이 조금씩 섞인 데다가 개와 비슷한 다른 동물의 피도 조금 섞인 녀석이었죠.

프래니는 이고르를 잘 살피지 않으면 위험한 일이 벌어진다는 것을 알고 있었어요. 이고르는 너무 외롭다 싶으면 말썽을 피웠거든요.

이고르는 프래니를 언제 위로해 주어야 하는지 잘 알고 있었어요. 할 일이 너무 많아서 프래니가 힘들어할 때면 금세 눈치를 채고 웃게 해 주려고 애썼지요. 전기톱을 높이 던졌다가 받아 내는 위험한 묘기를 보여 주기도 하고, 악어와 레슬링을 하기도 했어요. 또 어떤 때는 전기톱을 든 악어와 레슬링을 하기도 했답니다.

얼마 전에는 프래니처럼 차려입고 나타나 프래니 흉내를 내기도 했어요. 그 모습을 본 프래니는 너무 웃겨서 배꼽이 빠지는 줄 알았답니다.

하지만 프래니가 특별 과외라는 무거운 짐에 짓눌릴 때에는 이고르도 어쩔 수가 없었어요.

과외는 힘들어

엄마는 늘 프래니에게 과외 활동을 열심히 하라고 다그쳤어요. 일주일에 하루는 축구를 하고, 또 하루는 미식가를 위한 요리 수업을 들어야 했어요. 그리고 또 하루는 백파이프 연주하는 방법을 배워야 했답니다.

　프래니는 과외 활동을 좋아했지만, 이따금 벅차다고 느꼈어요. 어떤 날은 그저 연구실을 어슬렁거리며 아이답게 놀고 싶었답니다. 장난감을 갖고 놀거나, 책을 읽거나 아니면 괴물에게 강력한 전류로 생명을 불어넣으면서 말이에요.

그러나 엄마는 프래니가 최고가 되기를 바랐어요. 그래서 새로운 것에 도전하게 하고, 학교에서 가르쳐 주지 않는 것들을 배우게 했어요. 엄마는 프래니에게 열심히 노력해서 최고가 되는 게 중요하다고 말했답니다.

프래니도 엄마 말씀이 옳다고 생각했어요. 그래서 정말 힘들었지만 최고가 되기 위해 열심히 노력했답니다.

너무너무 바빠

어느 날 프래니는 계단을 따라 자기 방으로 올라갔어요. 학교에서 수업을 마친 뒤 백파이프를 배우고 온 너무나 긴 하루였어요. 게다가 숙제마저 산더미같이 많았답니다. 그런데 아침에 연구실 식구들을 미처 돌보지 못하고 학교에 갔다는 사실이 떠올랐어요.

 한꺼번에 여러 가지 생각을 하느라 프래니의 머릿속은 온통 뒤죽박죽이었답니다.
 프래니는 지네 우리로 가서 젖을 짜고, 콩나무를 면도해 준 뒤 민달팽이에게 신발을 신겼어요.

괴물에게 개 사료를 준 뒤 이고르에게 강력한 전류를 흘려보내려다가 프래니는 문득 모든 게 엉망진창이라는 걸 알아차렸어요.

"이런, 큰일 날 뻔했네!"
프래니가 괴로워하며 말했어요.
"이고르, 하마터면 너를 감자 칩처럼 튀길 뻔했어. 내가 너무 바쁘고 힘들어서 제정신이 아니었나 봐. 아무래도 엄마랑 얘기를 해 봐야겠어."

이튿날, 프래니는 엄마에게 엉망진창이 되어 버린 연구실 이야기를 했어요.
"이고르가 흔적도 없이 사라질 뻔했어요. 콩나무는 콧수염을 기르고 싶어 했는데 면도를 해 버려서 엄청 화가 났고요, 민달팽이들은 새 신발에 어울리는 발을 만들어 달라고 졸졸 따라다녀요. 게다가 누가 지네 우유 두 통을 마시겠어요?"

"엄마, 이게 다 너무 바빠서 생긴 일 같아요. 백파이프 수업을 잠깐만 쉬면 안 될까요?"

"프래니, 어떻게 그걸 그만둘 생각을 한 거니? 백파이프는 아름다운 악기야. 게다가 음악을 배우면 감정을 다스릴 수 있고, 자신감도 생긴단다."

"네, 엄마. 그럼 요리 수업을 좀 쉬면 안 될까요?"
프래니가 한숨을 쉬며 말했어요.
"얘야, 요리를 배우면 정해진 요리 방법대로 따라 하는 능력을 기를 수 있어. 또 온갖 나라의 색다른 조리법들을 배우다 보면 네 상상력이 아주 풍부해질 거야."
엄마가 고개를 저으며 말했어요.

"알았어요, 알았다고요. 하지만 축구는요? 축구는 꼭 하지 않아도 괜찮을 것 같은데요?"

"프래니, 운동은 서로 협동하는 법을 가르쳐 준단다. 다른 사람을 위해 나를 희생하고, 다른 사람을 믿고 의지하는 법을 배워야 함께 어울릴 줄 아는 사람이 될 수 있어. 게다가 너는 혼자서 실험을 너무 많이 하기 때문에 친구들과 어울릴 수 있는 운동을 더 열심히 해야 해. 프래니, 최고가 되려면 정말로 열심히 노력해야 한단다. 알았니?"

 프래니는 바로 그 순간 빙그레 웃음을 지었어요. '협동한다'는 말 덕분에 엽기 과학자다운 생각이 퍼뜩 떠올랐거든요.

 프래니는 '그래, 그거야'라고 생각했어요. 어쩌면 엄마의 힘도 필요할 것 같았어요.

협동해서 일하자

프래니는 뒤뜰로 나가서 고철 덩어리들을 한껏 모았어요.

이고르는 프래니가 새로운 발명품의 설계도를 그리는 모습을 곁에서 지켜보았어요.

"이고르, 얘들은 꼭 튼튼하게 만들어야 해. 엄마가 못 견디게 다그칠 테니까 아주아주 튼튼하게 만들어야 한다고."

이고르는 프래니가 무슨 말을 하는지 통 알 수 없었지만 마치 이해한다는 듯이 고개를 끄덕였어요.

"그리고 아주 똑똑해야 해. 시키는 대로 잘 따라 할 수 있는 뇌를 설치해야겠어."

이고르는 뇌만 모아 놓은 보관실에서 갖가지 뇌를 꺼내 프래니에게 갖다주었어요.

"이고르, 고마워. 하지만 이번 작품에는 전기 두뇌를 설치할 거야."

"이 기계는 생김새가 그럴듯해야 하지만, 완벽할 필요는 없어. 엄마 앞에서는 빨리빨리 움직여야 하기 때문에 뭔가 좀 이상해도 엄마는 눈치를 못 채거든. 지난번에는 내가 개발한 **인어 다리**로 두 시간 동안이나 축구를 했지만 엄마는 내 다리가 없다는 것을 전혀 몰랐다고."

"그러니 애들을 이용해서 엄마를 속이는 건 쉬운 일이지."

프래니는 재빨리 몇 가지 계산을 한 뒤, 지금껏 보지 못한 특수한 생김새의 설계도를 그렸어요.

　프래니는 설계도를 잡아채듯이 들어 벽에 붙였어요. 그러고는 이고르를 보며 씩 하고 엽기 과학자다운 미소를 지었답니다. 그때 밖에서 번갯불이 번쩍 일자 프래니는 큰 소리로 웃음을 터뜨렸어요. 계획을 발표하기 전에 번개가 치면 기분이 아주 좋았거든요.
　"이고르, 프래니로봇이야!"
　프래니가 말했어요.

과외를 위한 놀라운 계획

프래니는 자신의 모습을 본뜬 세 개의 기계 인간을 만들면서 콧노래를 불렀어요. 이번 계획이 빈틈없이 이루어지면 모든 문제가 한꺼번에 풀릴 거라고 생각하니 기분이 정말 좋았답니다.

"어때, 나 정말 똑똑하지 않니?"

프래니가 자신을 걱정스럽게 지켜보는 이고르에게 말했어요. 이고르는 프래니가 이미 혼자서도 여러 명 못지않은 일을 한다고 생각했어요. 그런데 프래니가 넷이나 있는 게 좋은 일인지 확신할 수 없었답니다.

이고르는 그동안 프래니가 만든 로봇들이 말썽을 일으켰던 일들을 떠올렸어요.

"이 프래니로봇들이 엄마가 시키는 과외 활동을 맡아서 하게 될 거야. 백파이프를 배우고, 미식가를 위한 요리 학원에 다니고, 축구를 할 거라고. 얘들이 나의 일을 대신하는 거지."

이고르는 자신의 자질구레한 일을 대신해 줄 이고르 로봇도 함께 만들 수 없는지 궁금했어요.
"이 기계들이 있으면 숙제하고 실험하는 시간이 훨씬 느긋해질 거야. 물론 내 충성스런 연구실 조수랑 같이 노는 시간도 더 많아지겠지."
프래니가 이고르에게 눈을 찡긋해 보였어요.

그거야말로 이고르가 정말이지 듣고 싶었던 말이었어요. 프래니랑 노는 시간이 많아진다면 더 바랄 게 없었지요. 이고르는 프래니로봇을 얼른 완성하고 싶어서 힘껏 프래니를 도왔답니다.

내가 하나, 둘, 셋, 넷이야

프래니가 여기저기 나사 몇 개를 조이자 로봇의 모양이 완성되었어요.

프래니는 온 힘을 다해 로봇들의 태엽을 단단히 감은 다음, 스위치 몇 개를 작동시켰어요. 완벽하게 움직일 준비를 갖춘 프래니로봇 1·2·3호는 명령을 기다리며 얌전하게 서 있었답니다.

"프래니로봇 1호!"

프래니가 로봇들에게 지시를 내렸어요.

"너는 백파이프를 훌륭하게 연주할 수 있도록 설계되었어. 그러니까 이제부터 음악 과외를 맡게 될 거야."

"네, 프래니님."

프래니로봇 1호가 주먹으로 강철 가슴을 쾅 하고 내리치며 대답했어요. 로봇의 목소리가 프래니와 매우 비슷했어요.

"프래니로봇 2호, 너는 축구 선수가 될 거야. 네 다리는 공을 뻥뻥 찰 수 있도록 아주 튼튼하게 만들어졌으니까."
그러자 로봇이 튼튼한 팔다리를 구부려 보였어요.
"네, 프래니님."
프래니로봇 2호의 목소리도 프래니와 아주 비슷했어요.

"그리고 프래니로봇 3호, 너는 미식가를 위한 요리 학원에 다녀야 해. 네게는 특수한 **음식 광선**을 장치했어. 이 장치가 눈 깜짝할 사이에 여러 가지 요리를 만들어 낼 수 있도록 도와줄 거야."

프래니로봇 3호가 손목에서 발사되는 **음식 광선** 발사기를 들여다보며 대답했어요.

"네, 프래니님."

마지막 로봇도 역시 프래니와 목소리가 비슷했어요.

"엄마는 너희들에게 큰 기대를 걸고 계셔. 그러니까 절대 잊어서는 안 돼. 너희들은 열심히 노력해서 최고가 되어야 해. 최고가 되는 게 가장 중요한 일이야."

 로봇들은 프래니의 명령을 잊지 않으려는 듯 삑삑 소리를 냈어요. 그러고는 고분고분히 고개를 끄덕이며 입을 모아 말했어요.
 "최고가 되는 게 가장 중요한 일이야."

프래니로봇들이 다 알아서 해

두 주일이 지나자 프래니의 생활은 한결 느긋해졌어요. 프래니로봇들이 맡은 일을 훌륭하게 해냈거든요. 축구 선생님, 요리 선생님, 백파이프 선생님은 그 아이들이 로봇이라는 사실을 전혀 눈치채지 못했어요.

　프래니로봇들이 맡은 일을 척척 잘 해내자 프래니는 로봇들을 학교에도 보냈어요.
　학교에서 그 누구도 로봇이라는 사실을 눈치챈 사람은 없었어요. 프래니로봇들은 공부도 잘해서 평소 프래니만큼 뛰어난 성적을 받아 왔답니다.

덕분에 프래니는 새로운 연구에 더 많은 시간을 쏟았어요. 이를테면 원숭이에게 멍키 스패너 쓰는 법을, 망치 머리를 한 귀상어에게 망치 쓰는 법을, 생쥐에게 마우스 쓰는 법을 가르치는 일이었지요. 이고르는 프래니가 온종일 집에 있는 게 기쁘기만 했답니다.

　프래니로봇들은 각자 맡은 일을 정말로 즐기는 것 같았어요. 사실 너무 열심히 하는 게 아닌가 싶기도 했지만 그건 프래니가 한 이야기 때문이었어요. 최고가 되는 게 가장 중요하다는 얘기 말이에요. 프래니로봇들은 모두 그 명령을 잘 따르고 있었답니다.

프래니는 모든 일이 나무랄 데 없이 완벽하다고 생각했어요. 다만 엄마만은 그리 좋아 보이지 않았어요.

프래니보다 프래니로봇들이 더 잽싸게 움직였기 때문에 엄마도 덩달아 뛸 일이 많아졌어요. 최고가 되기로 마음먹은 로봇들은 축구장이나 요리 학원에 오래 남아 있기 일쑤였어요. 그리고 학교에서 특별 점수를 주는 과제를 일부러 받아 오는 날도 많았답니다. 엄마는 과제를 도와주느라 밤늦도록 잠자리에 들지 못했어요.

 엄마는 프래니로봇들을 보살피고 과외 활동에서 뒤떨어지지 않게 도와주느라 녹초가 될 지경이었어요.
 프래니는 엄마도 가끔 종종걸음을 멈추고 느긋하게 쉬면서 보통 엄마처럼 지내고 싶어 할지도 모른다고 생각했어요.
 "로봇들의 프로그램을 수정할 때가 온 것 같아."
 프래니가 이고르에게 말했어요.
 "조금 천천히 움직이게 조절해야겠어."

우리는 최고가 될 수 있어요

프래니는 다음 날 프래니로봇들을 한자리에 불러 모았어요.

"너희들 모두 아주 잘했어."

프래니가 말했어요.

"하지만 지금보다 더 잘할 수 있을 거라고 생각해."

프래니로봇들은 모두 빙그레 웃었어요.
"우리도 그렇게 생각합니다."
프래니로봇 하나가 말했어요.
"우리가 할 일이 더 있었으면 좋겠어요. 우린 더 잘할 수 있거든요. 그래서 정말 놀랍기 짝이 없는 공부를 할 수 있는 방법을 알아냈습니다."

프래니로봇 하나가 조그만 안내장을 내밀었어요.
"세로 칸에서 항목을 하나씩 선택한 다음 자신만의 활동 목표를 만드는 겁니다. 일주일에 사흘씩 사 년을 계속하면 거의 다 배울 수 있대요. 우리는 할 수 있어요. 거기 있는 것들을 다 할 수 있다고요. 우리는 정말 최고가 될 거예요."
프래니는 안내장을 들여다보았어요.

스스로 하는 공부

세로 칸에서 한 가지씩 선택하세요!

물속에서	프랑스에서	올빼미	그리기
중세에	두 사람이	할머니	간질이기
눈 가리고	맨발로	소파	레슬링
아주 빠르게	한 손으로	주머니쥐	저글링
극도로	한밤중에	기저귀	찰싹 때리기

"그래, 아주 좋아."
프래니가 말했어요.
"물속에서 한 손으로 하는 기저귀 저글링이라, 아주 멋진 생각이야. 하지만 엄마는 벌써 지치셨어. 지금도 너희들을 도와주기 벅찬데 할 일이 무더기로 새로 생기면 더 힘들어 하실 거야."

"새로운 공부는 더 이상 없어. 나는 내일 너희들의 프로그램을 바꿔서 천천히 움직이도록 할 계획이야."
프래니의 말에 프래니로봇들이 얼굴을 찌푸렸어요.
"얘들아, 너희들 마음에 안 든다는 거 나도 알아. 하지만 어쩔 수가 없어. 지금 이대로는 안 돼."

프래니를 꼼짝 못 하게 만들자

이고르가 살며시 프래니를 흔들어 깨웠어요.
"이고르, 이 시간에 무슨 일이야? 침대 밑에 괴물이라도 나타났니? 침대 밑에는 항상 괴물이 있다고 내가 몇 번을 말해야 알아듣겠니. 연구실에는 원래 괴물이 우글우글한 거라고. 그러니까 어서 가서 자."

프래니가 투덜거렸어요.

 하지만 이고르는 프래니가 자리에서 일어날 때까지 점점 더 세게 흔들었어요.
 "왜 그래?"
 프래니는 참다못해 화를 냈어요. 그러자 이고르가 프래니로봇들을 가리켰어요. 로봇들은 연구실 한 귀퉁이에 모여서 수군거리고 있었어요.
 침대에서 빠져나온 프래니는 이고르와 함께 살금살금 다가가서 프래니로봇들의 이야기를 엿들었어요.

"프래니는 우리가 최고가 되는 것을 방해하고 있어. 하지만 우린 최고가 되어야만 해."

프래니로봇 하나가 말하자 다른 로봇이 고개를 끄덕이며 맞장구쳤어요.

"프래니를 꼼짝 못 하게 만들어야 해."

이고르가 침을 꿀꺽 삼켰어요.

"그다음에는 엄마를 꼼짝 못 하게 해야 해. 엄마가 우리를 돕기 힘들어 한다고 프래니가 말했잖아. 그러니 엄마도 우리가 최고가 되는 것을 방해하고 있는 거야."

"최고가 되는 게 가장 중요한 일이야."

프래니로봇들이 입을 모아 말했어요.

"그다음에는 프래니네 아빠랑 남동생, 또 이고르라는 잡종 개도 처리해야 해."

이고르는 모욕감을 느껴야 했지만 잡종 개라는 말이 왠지 마음에 들었어요.

"그런 다음에는 세계를 정복하자. 온 세상 사람들이 우리가 최고가 되는 것을 방해할 테니까 말이야."

"세계를 정복할 준비가 됐어?"
프래니로봇 2호가 눈을 반짝반짝 빛내며 물었어요.
"거의 다 되어 가. 난 나의 훌륭한 요리 기술을 쓰겠어. 먼저 프래니랑 잡종 개 녀석을 함께 처리해 줄 테야."
프래니로봇 3호가 말했어요.

"요리 기술이라고? 그럼 저 녀석들이 우릴…, 잡아먹겠다는 거야?"
프래니가 중얼거렸어요.

샌드위치로 만들어 줄까

이고르는 달려가더니 가장 크고 강력한 강철 도끼를 들고 왔어요.
"이고르, 이걸로는 어림도 없어. 로봇을 너무 튼튼하게 만들었기 때문에 강철 도끼로도 부술 수가 없단 말이야."

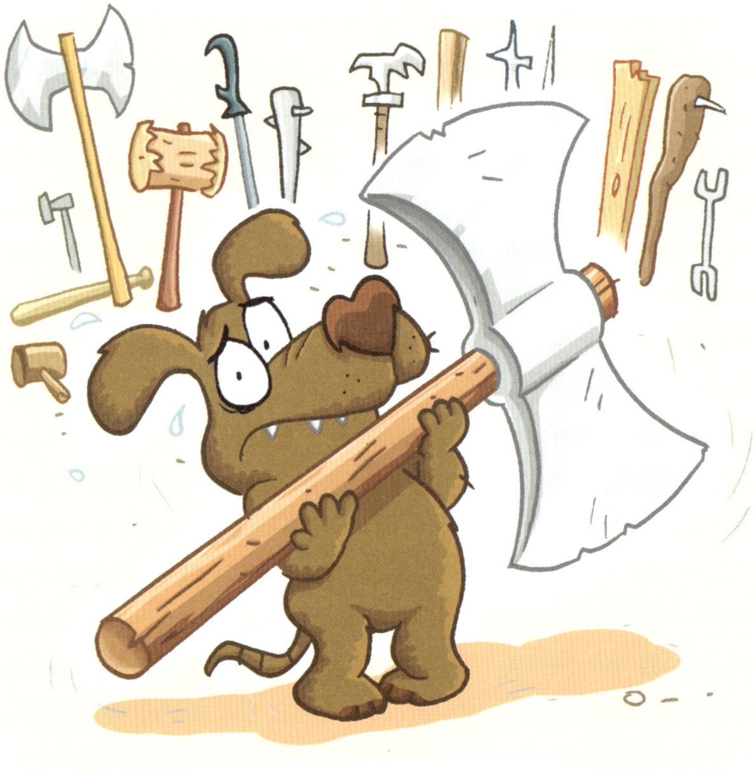

그러자 이고르는 나사돌리개를 들고 왔어요.
"이고르, 좋은 생각이기는 하지만 불가능한 일이야. 쟤네들은 셋이니까 나사 하나를 채 풀기도 전에 다른 놈들이 와서 덮칠걸."

이고르는 다시 달려가서 온갖 휴양지를 소개한 책자랑 여행용 가방을 들고 왔어요.

"이고르, 우리는 도망갈 수 없어. 쟤네들이 엄마를 해치고, 우리 가족을 모두 해칠 거야. 그런 다음에는 온 세상을 정복할 거라고."

프래니로봇들이 다가오는 소리가 들려왔어요.

"때가 왔다. 어서 가서 프래니를 없애자!"

프래니로봇 하나가 씩씩거리며 말했어요. 그때 이고르가 갑자기 어디론가 달아나 버렸어요.

"이고르, 이 비겁한 녀석! 이제 어쩔 수 없이 나 혼자 모든 것을 책임져야 하겠군."

프래니는 이고르에게 협동하는 법을 가르쳐야 했다고 생각했어요.

그런데 사라질 때 못지않은 재빠른 동작으로 이고르가 돌아왔어요. 한껏 프래니처럼 꾸민 모습이었어요. 프래니와 똑같지는 않았지만 프래니로봇들의 눈을 속일 정도는 되었답니다.

"저기 프래니가 있다!"

로봇 하나가 소리쳤어요. 그러자 프래니로봇 3호가 거대한 조리법 기억 장치에서 닥치는 대로 하나를 골라 이고르에게 **음식 광선**을 쏘았어요.

 프래니는 겁에 질린 채 로봇들이 이고르의 흔적을 조그만 봉투에 담는 광경을 지켜보았어요. 프래니로봇 3호는 이고르를 참치샌드위치로 만들어 버렸어요.
 "이고르가 나를 구하기 위해 희생했구나. 나는 그것도 모르고 협동하는 법을 안 가르쳤다고 후회했어."
 프래니가 슬픈 목소리로 말했어요.
 "이제 곧 모두 맛있는 점심 도시락 신세가 될 거야!"
 프래니로봇들이 기뻐서 소리쳤어요.

"당장 가서 해치우자!"

프래니로봇 하나가 외쳤어요.

"안 돼. 그보다 우리가 맡은 일부터 먼저 연습해야 해. 그게 가장 중요한 일이야."

다른 두 프래니로봇도 그 말에 찬성했어요. 셋은 뿔뿔이 흩어져서 백파이프, 축구, 미식가를 위한 요리를 연습했어요. 온 세상을 정복하고 모든 사람들을 참치샌드위치로 만드는 것은 그다음에 할 일이었답니다.

"쟤네들을 어떻게 물리치지?"

프래니는 혼자 중얼거렸어요. 프래니로봇을 막을 사람은 자기밖에 없다는 것을 잘 알고 있었어요.

프래니는 종류별로 모아 둔 중세의 칼들을 살펴보았어요. 그 칼로 로봇들에게 가벼운 상처는 낼 수 있겠지만, 가족이 모두 도망칠 시간은 벌 수 없을 것 같았어요.

 가엾은 이고르는 줄곧 참치샌드위치로 살아야 했어요. 프래니와 가족이 아주 멀리멀리 도망간다고 해도, 로봇들이 온 세상을 정복한다면 그것 역시 별 소용없는 일이었지요.
 프래니는 칼보다 훨씬 강한 무언가가 필요했어요.

칼보다 더 센 무기는 뭘까

"**바**로 그거야!"

프래니는 연필을 집어 들었어요. 그러고는 재빨리 커다란 나사 모양을 가슴에 그린 뒤 옷소매에도 마디마디 나뉜 로봇의 팔과 다리처럼 보이게 줄을 그었어요. 얼굴에도 나사 모양을 그린 다음 한껏 뻣뻣하게 서 보았지요.

"잘해야 해."

프래니는 자신에게 나지막이 소곤거렸어요. 조금이라도 어설프게 굴었다가는 프래니로봇들이 변장한 프래니를 금세 알아차릴 테니까요.

로봇들은 연구실 여기저기로 흩어져서 각자 최고가 되기 위해 연습하느라 바빴어요. 프래니는 백파이프를 불고 있는 프래니로봇 1호 앞으로 뚜벅뚜벅 걸어가 기계적인 목소리로 물었어요.
　"내일 독주회 나갈 연습하니?"
　프래니로봇 1호가 쳐다보며 되물었어요.
　"독주회?"
　프래니로봇 1호는 프래니가 그려 넣은 나사 모양과 로봇 같은 모습에 완전히 속아 넘어갔어요.

"그래, 많은 사람들이 네 독주를 들으러 올 거야. 사람들은 독주를 듣고 네가 최고인지 아닌지 판단하겠지."
프래니의 말에 로봇은 걱정스런 표정으로 물었어요.
"내가 잘할 수 있을까?"
프래니는 걱정스럽다는 듯 머리를 가로저었어요.
"넌 보통밖에 안 될걸. 다른 연주자들은 소리도 더 크게 내고, 음도 더 길게 낼 수 있거든."
"하지만 난 최고가 되어야 해."
프래니로봇 1호가 애처롭게 투덜거렸어요.

"어디선가 들었는데 높은 '라' 음까지 연주하는 사람도 있대."

프래니가 덧붙였어요.

"그런 사람이 어디 있어. 백파이프로는 높은 '라' 음을 낼 수 없단 말이야."

로봇이 코웃음을 치며 말했어요.

"너도 높은 '라' 음까지는 연주하지 못하는 모양이구나. 하지만 너무 걱정 마. 넌 잘할 거야."

프래니로봇 1호는 기분이 몹시 상했어요. 최고가 되도록 설계되었고, 최고가 되기 위해 열심히 노력했으니까요. 프래니로봇 1호는 프래니의 거짓말인 줄도 모르고 백파이프로는 도저히 낼 수 없는 높은음을 내기 위해 있는 힘껏 숨을 들이마셨어요.

 그러고는 강철 입술을 백파이프 구멍에 대고 온 힘을 다해서 숨을 불어넣었지요.
 마침내 온몸이 부서진 로봇은 철커덩하는 무거운 소리를 내며 바닥에 쓰러져 버렸답니다.
 프래니는 다음 로봇을 찾아 부지런히 주위를 살폈어요.

더 높이 차 봐

다음에 만난 프래니로봇은 축구에 관한 책을 읽고 있었어요. 프래니는 다시 기계적인 목소리로 말했어요.

"내일 경기 때문에 공부하고 있구나."

프래니로봇 2호가 고개를 들며 말했어요.

"무슨 경기? 경기가 있다는 소리는 못 들었는데."

"들었을 텐데. 감독님이 아주 강력한 경기를 할 거라고 말했잖아. 공을 아주 세게 차야 한댔어. 하지만 무슨 걱정이야. 넌 팀에서 못하는 선수는 아니잖아."

"잠깐, 그럼 넌 내가 제일 잘하는 선수가 아니란 말이야?"

프래니로봇이 되물었어요.

"아마 최고가 될 수도 있을 거야. 조금만 더 세게 찬다면 말이야."

프래니의 말에 프래니로봇 2호는 책을 내던졌어요.

"난 우리 팀에서 제일 세게 차는 선수가 될 거야. 이 세상에서 최고로 공을 세게 차는 선수가 될 거라고."

로봇은 말이 끝나기가 무섭게 씩씩거리며 발차기 연습을 했어요.

프래니는 잠깐 구경하다가 입을 열었어요.
"그게 최고로 높이 찬 거야?"
"이게 안 높단 말이야?"
프래니로봇 2호가 골이 나서 물었어요.
"그래, 높은 편이야. 그보다 더 높이 차는 선수도 있지만, 네 수준에 그만하면 꽤 잘한 것 같아."
"그 아이들은 얼마나 더 높이 차는데?"
"어떤 애 하나는 자기 얼굴 높이까지 차더라고. 그 아이야말로 최고지."
프래니가 말했어요.

"뭐라고?"

프래니로봇은 자기가 팀 안에서 최고가 아니라는 사실이 믿기지 않아 소리를 질렀어요.

　자기가 정말로 뛰어난 선수라는 걸 보여 주기로 결심한 프래니로봇 2호는 다리를 뒤로 힘껏 젖혔다가 자신이 할 수 있는 가장 센 힘으로 자기 얼굴을 곧장 걷어찼어요. 프래니로봇 2호는 아주 멋지게 자기 머리를 날려 버린 선수가 됐어요. 조각조각 부서진 로봇은 마침내 철커덩 무거운 소리를 내며 바닥에 쓰러지고 말았답니다.

"둘을 무찔렀군."

프래니는 중얼거리며 세 번째 로봇을 찾기 위해 무심히 뒤돌아섰어요. 그런데 놀랍게도 세 번째 로봇은 바로 뒤에 서 있었답니다.

특별 요리법으로 물리치다

프래니로봇 3호가 프래니를 쏘아보고 있었어요.
"아, 안녕. 넌 오늘 기분이 별로 안 좋아 보이는구나."

프래니는 다시 로봇의 목소리를 흉내 냈어요.

"속임수는 이제 그만두시지. 난 네가 로봇이 아니라는 걸 알고 있어."

프래니로봇 3호가 **음식 광선** 발사기를 프래니에게 겨누며 말했어요.

"네가 다른 로봇들을 파괴했다는 것도 다 알고 있지."

"그래서 지금 그 **음식 광선**을 나한테 쏘겠다는 거야?"

프래니는 어떻게든 이 위기에서 벗어날 궁리를 하며 말했어요.

"아주 잘 알고 있군."

프래니로봇 3호가 말했어요.

"너를 해치우고 네 엄마랑 아빠, 동생 그리고 내가 최고가 되는 걸 막는 모든 것들을 없애 버릴 거야."

프래니는 퍼뜩 한 가지 생각이 떠올라 빙그레 웃으며 말했어요.

"그럼 쏴 봐. 하지만 제발 부탁인데 이고르처럼 별 볼 일 없는 음식으로 만들어 줘. 난 너무 특별한 요리도, 미식가들이 좋아하는 요리도 되기 싫거든."

프래니로봇 3호는 **음식 광선**을 쏘기 위해 발사기를 들어 올렸어요.

"좋아, 그럼 참치샌드위치로 만들어 주지."

그런데 프래니로봇 3호는 잠시 망설이는가 싶더니 **음식 광선** 발사기를 내렸어요.

"가만, 참치샌드위치가 어때서 그래?"

로봇이 이고르 참치샌드위치를 귀상어 어항 위로 들어 올리며 말했어요.

"봐, 상어는 좋아하잖아."

프래니는 소리 없이 마른침을 삼켰어요. 자칫하면 로봇이 이고르를 상어 밥으로 던질 순간이었거든요. 프래니는 온 힘을 다해 자신감과 상상력을 끌어모았어요.

"참치샌드위치도 나쁘지는 않아. 하지만 적어도 최고의 요리사가 자랑할 만한 요리는 아니라는 뜻이야. 나야 뭐 상관없어. 미식가들이 좋아하는 최고의 요리로 변하기 싫다는 것뿐이지. 그럼 하던 일 계속해."

프래니로봇 3호는 화가 치밀어 올라 크게 소리쳤어요.
"난 내가 원하는 대로, 하고 싶은 대로 너를 요리할 거야! 그런데 네가 생각하는 최고의 미식가 요리가 뭔지나 들어 보자."

"흠, 한번 생각 좀 해 보자. **양파튀김**을 곁들인 **유니콘구이**는 어때, 만들 수 있겠니?"

프래니가 물었어요. 프래니로봇 3호는 컴퓨터 두뇌를 샅샅이 검색한 다음 말했어요.

"아니, 그건 못 만들어."

"좋아, 좋아. 그럼 **감자튀김**을 곁들인 **바다 괴물 볶음**은? 그건 만들 수 있을 것 같은데."

프래니 로봇 3호는 생각에 잠겼어요.

"그것도 만드는 법을 몰라."

로봇이 이고르 참치샌드위치를 어항 가장자리에 흔들흔들 위태롭게 올려놓으며 언짢은 목소리로 대답했어요.

"쯧쯧, 그럼 나도 기껏해야 참치샌드위치밖에 안 되겠구나."

프래니의 말에 화가 난 로봇이 소리쳤어요.

"아니! 지금 당장 색다른 요리를 또 하나 말해 봐!"

"글쎄, 쉬운 게 뭐가 있을까."

프래니가 말했어요.

"어차피 나를 **유니콘구이**로 못 만든다면, 넌 **멍키스패너**를 곁들인 **살**아 있는 **잡종 개**처럼 간단한 요리도 못 만들 거야."

"웃기지 마. **살**아 있는 **잡종 개** 요리 따위가 있다는 소리는 들어 보지도 못했어."

프래니는 잠자코 기다렸어요. 프래니가 로봇의 두뇌를 만들었기 때문에 무슨 일이 일어날지 잘 알고 있었지요.

"잠깐, 그건 만들 수 있어! 나한테 아주 못생긴 **잡종 개** 한 마리가 있거든."

프래니로봇 3호는 상어가 덥석 물어뜯기 직전에 이고르 참치샌드위치를 홱 낚아챘어요.

프래니로봇 3호는 샌드위치를 접시에 올려놓고 **음식 광선**을 쏘았어요. 우지직 소리와 함께 빛이 번쩍하더니 샌드위치가 프래니 눈앞에서 어리둥절한 표정의 이고르로 바뀌었어요.

로봇은 접시에 올려진 이고르 주위를 멍키 스패너 몇 개로 예쁘게 꾸민 다음 자랑스럽게 프래니에게 보여 주며 말했어요.

"어때, **멍키 스패너**를 곁들인 **살**아 있는 **잡종 개** 요리야. 이만하면 정말 훌륭한 미식가 요리지, 안 그래?"

"오이절임 한 조각만 더 곁들이면 좋겠는데."

프래니가 말하자 로봇은 펑 소리와 함께 통통한 오이절임 하나를 만들어 재빨리 이고르 옆에 떨어뜨렸어요.

프래니는 빙그레 웃음을 지었어요.

"완벽해."

프래니가 이고르에게 눈을 찡긋해 보이며 말했어요. 이고르는 발에 묻은 마요네즈를 핥다가 슬며시 오이절임을 집어 들었어요

오이절임은 언제나 곁들여야 해

"이 때야!"
 프래니가 소리치자 이고르는 오이절임으로 **음식 광선** 발사기 구멍을 틀어막았어요. 프래니는 멍키 스패너 하나를 그러쥐고 로봇에게 달려들었어요.
 "안 돼!"
 프래니로봇 3호가 비명을 질렀어요.
 "나를 망가뜨리지 마!"

프래니 혼자였다면 로봇을 당해 내지 못했을 거예요. 하지만 분노한 꼬마 엽기 과학자와 멍키 스패너를 든 잡종 개가 힘을 모으니 온통 미식 요리에만 사로잡힌 로봇 하나쯤은 상대하고도 남았답니다.

둘이서 잽싸게 멍키 스패너를 몇 번 돌리자 생명을 다한 로봇은 조각조각 해체되어 바닥에 쓰러지고 말았어요. 프래니는 주저앉아서 한숨을 내쉬었어요.

"큰일 날 뻔했어."

프래니가 이고르를 툭툭 치며 말했어요. 이고르는 어느새 **음식 광선** 발사기 구멍에서 오이절임을 꺼내 우물거리고 있었어요.

엄마랑 마음이 통했어

이튿날, 프래니가 학교에서 돌아와 보니 엄마가 지친 나머지 의자에 축 늘어져 있었어요.

"엄마, 드릴 말씀이 있어요."

프래니가 말을 걸어오자, 엄마가 급한 목소리로 말했어요.

"프래니, 잠깐만! 엄마가 먼저 말할게."

"아무래도 우리가 해야 할 일이 너무 많은 것 같아. 엄마는 힘들어서 녹초가 되고 말았어. 그러니 보나마나 너는 더 지치고 힘이 들겠지."
프래니는 고개를 끄덕였어요.

"생각해 보니까 하나부터 열까지 다 잘할 필요는 없겠어. 네가 정말로 좋아하는 것 두어 가지만 골라서 하는 게 좋을 것 같아. 그리고 가끔은 아무것도 안 하고 쉬는 것도 좋겠구나."

프래니는 이번에도 고개를 끄덕였어요. 믿기 힘들었지만, 엄마랑 프래니는 결국 똑같은 결론을 얻었던 거예요.

"엄마는 우리 프래니가 할 일이 너무 많아서 신경을 바짝 세우다가 몸과 마음이 상할까 봐 걱정이 돼."
엄마는 정답만 골라서 이야기하셨어요.

　두 사람은 잠시 아무것도 하지 않은 채 푹신한 의자에 앉아 있었어요. 시간이 흐르고 또 흘렀지만 여전히 아무것도 하지 않았어요.

　엄마와 프래니는 서로 다정하게 웃고 얘기하면서 이런 시간이야말로 그동안 그렇게 얻으려고 했던 최고로 중요한 가치임을 알게 되었답니다.

추천의 말

세상의 모든 아이들이 프래니가 되길 꿈꾸며…

짐 벤튼의 이야기와 만화는 세련되고 유머스러우며 독자들을 즐겁게 하는 재치가 묻어 있다. 그는 '엽기 과학자 프래니' 시리즈를 통해 그의 만화와 이야기가 어린이들에게도 매력적일 수 있다는 사실을 유감없이 보여 주었다.

이 책의 주인공 프래니는 볼수록 매력적인 소녀다. 인형이나 꽃 대신 박쥐와 거미를 좋아하고, 과학에 반쯤 미쳐 있으며, 머리가 둘 달린 로봇과도 용감하게 싸우는 프래니를 보고 있으면, 입가에 미소가 절로 밴다. 악동 같은 눈망울과 장난기어린 미소의 이 엽기적인 꼬마 과학도가 친구들과 친해지기 위해 벌이는 좌충우돌 사건들을 보면서, 우리 아이들도 '우정'을 배우고, '상상력'을 키우며, '차이'를 인정하는 성숙한 청소년으로 자라게 되기를 바란다.

세상의 모든 어린이는 '타고난 과학자'다. 직접 만져 보거나 먹어 보지 않으면 안달하고, 마음대로 부수고 해부해 봐야 직성이 풀리는 엽기적인 실험 과학자, 나를 둘러싼 모든 것이 궁금하고,

　세상의 어떤 선입견으로부터도 자유로운 아마추어 과학자가 바로 아이들인 것이다. 돌이켜 보라. 우리들도 예전엔 조금씩 프래니가 아니었던가! 우리도 얼마나 프래니처럼 '엽기적인 방'과 '나만의 도시락'을 갖고 싶어했던가!
　부디 세상의 모든 꼬마 과학자들이 그 왕성한 호기심과 놀라운 상상력을 잃지 말고, 훌륭한 과학자로 성장해 주길. 특히 상상력으로 가득 찬 '세상의 모든 아이들'이 엽기적이어도 좋으니 프래니처럼 창조적인 과학자가 되어 주길 간절히 바란다.
　우리 아이를 남들과 다르게 키우고 싶다면, 이 책을 펼쳐 보시길. 책장을 넘길 때마다 날마다 조금씩 성장하는 아이를 보게 될 것이다.

　　　정재승(KAIST 바이오시스템학과 교수, 『정재승의 과학콘서트』 저자)

옮긴이의 말

재미있게, 열심히, 미친 듯이 매달리는 친구 프래니

 엽기 과학자 프래니 이야기를 우리말로 옮기면서 저는 이따금 어렸을 때를 떠올렸어요. 한동안 제 꿈도 과학자가 되는 거였거든요. 과학자가 되기 위해서 어떤 공부를 얼마나 해야 하는지는 중요하지 않았죠. 그저 거품이 이는 화학 약품을 부글부글 끓이는 알코올램프라든지, 알록달록한 액체가 든 비커며 시험관 따위가 어지럽게 들어찬 실험실이 갖고 싶었어요. 그런 실험실만 있다면 뭐든지 만들어 낼 것만 같았답니다.
 하지만 실험실이 없다고 해서 과학자가 못 되는 건 아니지요. 실험실은 없었지만 어느 날 동생과 함께 비행기를 만들기 시작했거든요. 멀리 떨어진 큰집까지 비행기를 타고 눈 깜짝할 사이에 날아가는 상상만 해도 신이 났으니까요.
 그래서 비행기를 만들었냐고요? 못 만들었어요. 아니 만들다가 그만두었죠. 푹신한 비행기 의자부터 만들려고 푹신한 풀을 베다가 지쳐서 잠이 들어 버렸거든요. 잠에서 깬 다음에는 다른 일에 마음을 빼앗기는 바람에 그만 비행기를 까맣게 잊고 말았어요.
 그런데 프래니는 한번 만들려고 생각하면 절대로 잊는 법이 없는 친구더군요. 프래니가 훌륭한 실험실을 가지고 있기 때문

에 발명을 성공시키는 것 같지는 않아요. 그보다는 머릿속에 떠오르는 생각이 멋진 발명품으로 태어날 때까지 재미있게, 열심히, 미친 듯이 매달리는 친구죠. 그래서 엽기 과학자라고 불리는지 모르겠지만 말이에요.

알고 보면 우리들 마음속에는 누구나 프래니 같은 엽기 과학자가 숨어 있답니다. 여러분 마음을 잘 들여다보세요. 이 세상에는 없는, 앞으로도 없을지도 모르는 재미있는 발명품을 만들고 싶어서 눈을 반짝반짝 빛내는 프래니가 틀림없이 있을 거예요.

이 책은 바로 여러분과 여러분 마음속에 있는 그 특별한 과학자를 만나게 해 주는 통로랍니다. 프래니는 멀리 떨어진 나라에 살고 있는 낯선 어린이가 아니라 바로 여러분 자신이죠. 프래니가 책 속에서 만들어 내는 발명품은 바로 여러분이 만들어 내는 것이고요.

잊지 마세요. 여러분은 프래니처럼 엉뚱하지만 귀엽고, 못 만들 게 없는 엽기 과학자라는 사실을요.

옮긴이 **박수현**

엽기 과학자 프래니

박쥐와 거미를 좋아하고, 엽기적인 발명품을 만들어 내는
엽기 과학자 프래니의 좌충우돌 발명, 모험, 우정, 성장 이야기!

글·그림 짐 벤튼 ★ 옮김 박수현 외 ★ 값 각 권 12,000~13,000원

★ 뉴욕타임즈 베스트셀러 작가 ★ 국제독서학회, 미국 아동 권장 도서 ★ 골든덕 과학도서상 수상

01 거대한 도시락 괴물

02 거인 큐피드의 공격

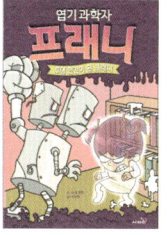
03 투명 인간이 된 프래니

04 타임머신 타고 시간 여행

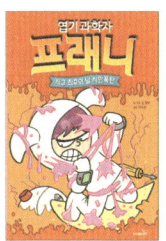
05 지구 최후의 날 시한폭탄

06 복제 로봇과 프래니의 대결

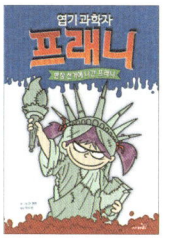
07 반장 선거에 나간 프래니

08 머리카락 괴물의 습격

09 재앙을 부르는 악마의 머핀

10 두꺼비 바이러스에 걸린 프래니

상상력과 창의력을 쑥쑥 길러 주는

프래니가 알려 주는 '프래니처럼 머리 좋아지는 비결' 대공개!
다양한 활동을 통해 과학 탐구력과 창의력, 집중력과 관찰력을 키워 보세요.

글·그림 짐 벤튼 | 값 각 권 8,000원

01 엽기 실험 따라잡기

상상을 초월하는 엽기 과학 실험, 화학식 퍼즐, 어휘력을 키우는 활동들과 깜찍한 캐릭터 카드가 담겨 있어요.

02 괴물 발명 따라잡기

오싹오싹 소름 돋는 괴물도 만들고, 머리가 좋아지는 암호도 풀고, 창의력을 키워 주는 이야기도 만들어 보세요.

03 괴짜 과학 따라잡기

프래니의 친구라면 꼭 도전해 보고 싶은 프래니 독서왕퀴즈를 풀어 보고 사랑스런 괴물 카드도 모으세요.

04 엉뚱 상상 따라잡기

어지러운 미로도 찾고, 난센스 퀴즈로 재치도 키우세요. 과학자에게 꼭 필요한 깜짝 실험 장치 카드도 들어 있어요.